L'art à col

GOUACHE

Portrait d'homme. Époque romaine

Médaillon. Période copte

Jean II le Bon. XIVe siècle

Léonard de Vinci. La Joconde. XVe siècle

Domenico Ghirlandaio. Portrait d'un vieillard et d'un jeune garçon. XVe Siècle

Giuseppe Arcimboldo. L'Eté. XVIe siècle

Velasquez. Portrait de l'Infante Marie-Marguerite. **XVIIe Siècle**

Auguste **Renoir.** Julie Manet. XIXᵉ siècle

Alexej von Jawiensky. Byzantinerin. XXe siècle

Pablo Picasso. Maya à la poupée. XXe siècle

Paul **Klee.** Senecio. XXe siècle

John Currin. The Moroccan. XXe Siècle